AF226714

# RÉFLEXIONS

## SUR L'ÉTAT ACTUEL

# D'ALGER.

# RÉFLEXIONS

## SUR L'ÉTAT ACTUEL

# D'ALGER.

PAR M. J. DE LA M.

## PARIS.

IMPRIMERIE LE NORMANT, RUE DE SEINE, 8.

**Avril 1836.**

La question d'Alger est immense; elle touche à tous les intérêts du pays, à sa gloire, à
sa prospérité matérielle; aussi a-t-elle vivement
préoccupé l'attention publique, et la nation
s'est-elle bientôt convaincue que, cette fois, sa
gloire était d'accord avec ses intérêts. Cepen-

dant depuis cinq années, malgré les sacrifices que la France s'est imposés pour sa nouvelle colonie, celle-ci a été loin d'atteindre le haut degré de prospérité auquel l'appellent sa position géographique et la prodigieuse fertilité de son sol. Sans doute des fautes ont été commises; mais n'étaient-elles pas la suite forcée des circonstances?

Les graves événemens qui se passaient en Europe lorsque, pour la première fois, le pouvoir dut adopter un système sur l'occupation de la régence, jetèrent une incertitude inévitable sur les résolutions qu'il prit alors; car le ministère pouvait craindre que d'un moment à l'autre, d'après les dispositions peu amicales de quelques puissances, la France ne fût forcée d'appeler momentanément à sa défense les bras et le courage de tous ses enfans. Ces considérations réagirent encore plus vivement sur la Chambre, et l'incertitude qu'elles jetèrent, dès le principe, dans les délibérations de l'assemblée, produisit sur l'état à venir de la colonie les résultats les plus désavantageux.

## § I<sup>er</sup>.



**Des effets des discussions de la Chambre sur la Colonie.**

On n'a pas oublié que, dans les premiers
temps qui suivirent la révolution de juillet,
sans tenir compte des difficultés que le gouvernement rencontrait de tous côtés dans sa mar-
che, quelques députés, aujourd'hui adversaires
déclarés de la colonie, reprochaient aux minis-
tres de vouloir abandonner Alger par suite de
conventions secrètes et honteuses. Depuis lors,
les choses et les hommes ont changé; ces assertions, comme bon nombre d'autres préoccupations parlementaires de cette époque, ont
disparu devant l'attitude ferme autant que di-

gne qu'a su prendre la royauté de juillet : mais
enfin en 1830, 1831 et 1832, âge d'or des in-
terpellations, ces assertions trouvaient quelque faveur dans le public, qui semblait convaincu que d'un mot le ministre de la guerre
aurait pu faire d'Alger une province française.
Chaque discussion du budget nous montre aujourd'hui combien cette opinion était erronée ;
cependant sa puissance était alors réelle, même
dans la Chambre. Le ministère, comprenant
parfaitement sa position, ne voulait pas se pro-
noncer irrévocablement sur une question d'a-
venir qui ne dépendait point uniquement de
sa volonté, ni s'engager par suite dans une voie
où sa dignité devant la nation, et même auprès
des puissances étrangères, aurait pu se trouver
compromise. Il chercha donc à s'appuyer sur
les Chambres, et à les attirer, autant que possible, dans une route où, engagées une fois,
l'honneur du pays les contraindrait de persé-
vérer.

Ce furent, je crois, ces considérations qui engagèrent le maréchal Soult à envoyer en Afrique, vers la fin de 1833, une commission composée en grande partie de membres des deux Chambres. Elle devait observer le pays, les dispositions de ses habitans, et par ses travaux fixer les idées du gouvernement sur la possibilité, l'utilité de la conservation de la régence, et sur les moyens les plus convenables pour atteindre ce résultat. Un grand apparat accompagna cette commission, dont le voyage, annoncé long-temps à l'avance, dut éveiller toute l'attention des indigènes.

Ceux-ci sont informés d'une manière surprenante, pour les personnes qui n'ont pas été à même d'en pénétrer les causes, de tout ce qui se passe en France au sujet de l'Afrique. Ces causes sont cependant faciles à saisir. Il existe à Paris un Maure chargé, par un comité établi à Alger, de se tenir au courant de tous les projets que le gouvernement forme sur

l'avenir de la colonie, et d'observer attenti-
vement les fluctuations que l'opinion publique
subit à ce sujet. D'après les rapports de cet
agent très-bien informé, les membres du
comité, habitant la régence, sont constamment à même de répandre en quelques in-
stans dans le pays les bruits qu'ils jugent les
plus capables d'opposer à l'exécution des vues
adoptées par le pouvoir des obstacles redoutables. Ils savent alors exalter à propos le fanatisme de leurs compatriotes, et employer ha-
bilement l'adresse et l'activité surprenante que
les Juifs s'empressent toujours de mettre à la
disposition de ceux qui les paient largement.
Par l'intermédiaire de ces derniers, des fonds
considérables, que le fanatisme des Maures les
plus riches fournit au comité, sont distribués
d'une manière habile pour organiser contre
nos établissemens des attaques subites et im-
prévues, qui, comme on le voit, ne sont
que le résultat d'une influence dont la source

n'existe pas au sein des populations indigènes[1].

Informés long-temps à l'avance de l'arrivée des membres de la commission, les Maures d'Alger avaient usé de toutes leurs ressources pour préparer à ceux-ci une réception qui pût leur faire prendre une idée tout-à-fait défavorable des dispositions des populations à notre égard, et jeter dans leur esprit des doutes sur la possibilité de nous établir jamais solidement dans l'intérieur des terres, doutes qui

---

[1] On ne conçoit pas d'après l'exposé de ces faits, comment les administrations qui se sont succédé dans la régence ont toujours continué à employer les Maures et les Juifs comme intermédiaires entre nous et les populations, remettant ainsi le soin de nos intérêts aux mains d'ennemis acharnés qui ne songent qu'à établir leur domination dans le pays sur la ruine de notre puissance. Les résultats ont répondu à ce que promettait un pareil système; d'ailleurs, les Maures ( le mot *Maure* vient du grec Μαΰρος, roux, basané, et est inconnu des indigènes) ou Arabes des villes, quand même ils le voudraient, seraient impuissans à nous servir, ne jouissant d'aucune considération parmi les Arabes de l'intérieur qui les nomment *Beldis* ( citadins ) en signe de mépris. Ils ne sont capables aujourd'hui que de prolonger l'animosité que conservent encore contre nous les Arabes des tribus éloignées, en exaltant un fanatisme qu'ils sont habiles à simuler.

devaient nécessairement influer sur leurs divers rapports. Les mesures prises par le comité maure, furent couronnées d'un succès complet. Aussi les commissaires, pendant les excursions qu'ils durent faire dans le pays, n'entendirent de tous côtés que le bruit des armes, et se crurent plutôt au milieu du bivac d'une armée en campagne, qu'au sein d'une colonie qui n'avait besoin, pour étendre son action civilisatrice, que de ressentir pendant quelques mois l'influence d'un pouvoir sage et éclairé. La commission ne put donc que difficilement, pendant son séjour dans la régence, prendre une juste idée de l'état des contrées qu'elle était appelée à examiner.

A leur retour, on adjoignit à ses membres des députés et des pairs de France, choisis par le ministère, pour opérer sur les documens recueillis en Afrique, et présenter au gouvernement un rapport définitif et complet. De nombreuses discussions eurent lieu; et on

produisit sur la colonie de volumineux documens.

Malheureusement chaque membre de la commission d'Afrique, dans des travaux sans doute
fort remarquables [1], avait traité une question
particulière, et chacun avait envisagé les choses
sous un aspect différent. En définitive, soit
que ce qui existait en Afrique n'eût pas été
examiné avec assez de soin, soit que des opi-
nions arrêtées à l'avance eussent refusé de s'ef-
facer devant l'expérience des faits, soit enfin
par toute autre raison, aucune idée féconde,
aucun plan général suffisamment mûri ne jail-
lirent du rapport qui constata les travaux de
MM. les commissaires. Rien ne fut donc changé
à la question de la colonisation. Cependant, le
ministère avait en partie atteint le but qu'il s'était

---

[1] Les travaux de la commission d'Afrique sont des documens
fort précieux. Le rapport de M. de la Pinsonnière, entre autres,
est extrêmement intéressant. Les aperçus qu'il donne sur la pro-
priété dans la régence sont aussi neufs que pleins de vérité.

proposé ; les membres des deux commissions avaient été flattés de l'importance que leur donnait une position qui les avait mis à même de s'immiscer dans la partie active du gouvernement ; et les députés, par une réaction naturelle, n'avaient pas été insensibles à la marque de confiance accordée à quelques uns de leurs collègues. La Chambre semblait donc disposée à s'associer aux vues du ministère qui, adoptant les bases proposées par la commission, convainquit l'assemblée de la nécessité de l'occupation et obtint par suite les fonds indispensables pour soutenir l'existence éphémère de notre colonie.

L'année dernière, à cette même époque, une nouvelle Chambre fut appelée à s'occuper des destinée de la terre africaine. Deux années d'expérience semblaient avoir dû décider pour la colonie les questions d'avenir jusqu'alors

restées indécises ; mais l'esprit vacillant qui
avait présidé aux travaux de la commission
avait étendu sur la régence son influence fatale.
Tout y était demeuré dans le provisoire, tout
y semblait frappé d'un sommeil léthargique.
Enfin la voix de la nation paraissait seule, au
commencement de 1835, vouloir défendre les
intérêts d'un des derniers nés de sa gloire militaire. L'orage se formait donc menaçant. Que
de députés, en effet, dont l'esprit se soulevait
à l'idée que leurs commettans contribueraient
à des dépenses qui ne leur rapporteraient aucun profit actuel. Et, je vous le demande, qu'a-
vaient à voir dans la question d'Alger les habitans de l'est et du nord, sinon de nouveaux
déboursés et une augmentation de charges.
On trouvera peut-être ces raisons, et beaucoup
d'autres du même genre, peu dignes de préoccu-
per l'attention des représentans de la nation ;
mais il faut songer que quelques députés se font
aujourd'hui avant tout les représentans des inté-

rêts matériels d'une localité particulière. Cela malheureusement est si vrai que dans la Chambre, à d'honorables exceptions près, pourtant assez nombreuses, ses membres peuvent être classés parmi les partisans ou les adversaires de la colonisation selon la position géographique de leur département.

C'était donc avec de nombreuses chances contraires que le budget d'Alger fut, l'année dernière, soumis à la discussion des Chambres. Cette fois, l'honneur national et la raison triomphèrent; mais que de craintes soulevées par ces débats; que d'intérêts mis en souffrance! Toutefois le budget fut voté, mais non sans que l'assemblée, ainsi que sa devancière, à l'aide de quelques discours dictés par des systèmes particuliers arrêtés à l'avance, jetât sur l'avenir de l'Afrique une incertitude sombre et menaçante.

Serons-nous donc forcés de courber toujours ainsi la tête sous le joug d'un provisoire désastreux? Je ne puis ni ne veux le croire! Depuis trop long-temps déjà d'étroites et glaciales discussions d'économie politique ont usurpé la place des vues élevées et des sentimens généreux. On a cru ainsi faire du progrès, protéger les intérêts matériels, et l'on n'a pas voulu comprendre que l'intérêt matériel ne peut se suffire à lui-même, qu'à un corps il faut une âme! Qu'il est nécessaire que dans toutes les questions où les grands intérêts de la nation, son honneur et sa puissance sont engagés, qu'il est nécessaire, dis-je, qu'une haute direction, unique et puissante, préside constamment; qu'il faut laisser au pouvoir une vaste latitude, car lui seul, et non une assemblée souvent indiscrète et désunie, est à même de comprendre ce que commandent le bien et la gloire de la patrie.

§ II.

**De l'administration du maréchal Clausel.**

Nous venons, je crois, de démontrer claire-
rement combien en remettant en question chaque année l'existence de notre colonie, l'indé-
cision des Chambres a été fatale à son développement. Ce ne serait pas être juste toutefois
que d'attribuer à cette seule cause les fautes
dont notre nouvelle conquête a été victime. Le
ministère, certes, à ce sujet, mérite quelques reproches; bien que gêné peut-être dans
ses résolutions, il pouvait cependant, en pre-
nant une attitude plus ferme et en choisissant
des agens capables et éclairés, faire jouir nos

possessions d'Afrique des heureux effets d'une administration stable et progressive.

Mais enfin la Providence avait depuis assez long-temps détourné son regard protecteur du sol de la régence, et le temps des épreuves approchait de son terme. Le ministère sentit enfin la nécessité de confier le gouvernement de l'Afrique à un homme capable de réparer le mal qu'avait produit la faiblesse des administrations précédentes, et de faire briller sur ces contrées des jours plus heureux.

Avec le maréchal reparurent en effet dans la colonie la confiance et la sécurité qui pour toujours semblaient avoir abandonné ce malheureux pays dont, cette fois, les espérances ne furent pas trompées. L'arrivée du gouverneur cependant eut lieu sous les plus sombres auspices ; il rencontra un ennemi plus terrible que ceux qu'il s'apprêtait à vaincre, et contre lequel tous les efforts humains étaient impuissans ; le choléra décimait la population de la régence. Enfin, le fléau s'éloigna ; et grâce à l'activité et à la prudence du maréchal, eut des conséquences moins désastreuses qu'on avait lieu de le craindre.

Pendant la durée de l'épidémie, le gouverneur avait dû forcément ajourner l'exécution de ses projets ; mais aussitôt que les circonstances lui permirent de s'occuper sérieusement des affaires de la colonie, il se convainquit facilement du déplorable état de décrépitude dans lequel elles étaient tombées : la confiance était ébranlée, l'honneur de nos armes compromis, l'influence d'Abd-el-Kader et de ses lieutenans accrue en proportion de l'affaiblissement de notre puissance. Le nom seul du général Clausel avait déjà, il est vrai, suffi pour imprimer une terreur salutaire aux Arabes qui n'avaient pas oublié les glorieux faits d'armes par lesquels, en 1830, il avait signalé son passage sur la terre africaine. Toutefois cette heureuse impression devait être soutenue; la politique et les armes devaient lui prêter leur ferme appui. Aussi l'expédition de Mascara fut-elle définitivement résolue. Et d'abord il était nécessaire, pour en recueillir tous les résultats possibles, d'établir des relations avec les tribus qu'on pouvait espérer de rallier le plus aisément à nos intérêts.

Le maréchal connaissait les dispositions des populations de la régence; il savait qu'autrefois les Turcs avaient divisé les indigènes pour assurer leur puissance, et qu'en offrant à ces derniers quelques avantages, ils se servaient des tribus les plus nombreuses et les plus guerrières pour maintenir les autres sous leur dépendance, ayant bien soin cependant de ne laisser jamais prendre dans le pays à leurs partisans une influence assez considérable pour porter ombrage à leur autorité. Les tribus que les Turcs avaient ainsi pour alliées, et dans le sein desquelles ils prenaient leurs défenseurs, sont aujourd'hui moins barbares, moins fanatiques que leurs voisines. D'ailleurs, toujours en guerre avec ces dernières, elles sentent vivement le besoin d'un appui qui leur fournisse les moyens de résister à des attaques constamment renouvelées, et de maintenir leur ancienne suprématie. Tout se réunissait donc pour les pousser vers les Français, qui seuls pouvaient aujourd'hui les protéger : le fanatisme musulman lui-même, sous le joug d'une pareille nécessité, n'avait qu'à courber la tête.

Le nouveau gouverneur comprit facilement tous les rapports qui existent entre notre position dans la régence et celle de l'ancien gouvernement turc ; il sentit que pour utiliser les bonnes dispositions d'une partie des populations à notre égard, il était indispensable de mettre celles-ci à même de les manifester sans compromettre leurs intérêts et leur existence. Pour parvenir à ce but il fallait se hâter d'inspirer aux indigènes une haute idée d'un pouvoir dont, grâces aux fautes des précédentes administrations, ainsi qu'aux menées habiles d'Abd-el-Kader, ils commençaient à douter, et de détruire dans tous les endroits où ils existaient, les centres de pouvoir qui s'étaient organisés en dehors de notre influence. Tel était un des principaux résultat que par l'expédition de Mascara le maréchal se proposait d'atteindre dans la province d'Oran ; mais les préparatifs qu'elle nécessitait avaient été retardés par des causes trop longues à énumérer ici, et la saison avancée menaçait d'opposer à nos troupes les plus graves difficultés. Cependant chaque instant de retard produisait pour nous, dans l'esprit des indigènes, l'effet d'une véritable défaite. Le gouverneur le savait et il dut, cette fois, se confier à l'heureuse influence d'une étoile sur laquelle l'expérience l'avait appris à compter. Les renforts accordés par le ministre arrivaient à Oran, et tout annonçait enfin le commencement prochain d'une campagne, au succès de laquelle était attaché le sort de la colonie.

Ce fut ce moment décisif que le prince royal choisit pour visiter l'Afrique et venir partager les dangers de nos soldats. Son arrivée dans la régence produisit les plus heureux effets.

Elle fut pour les colons une preuve évidente des bonnes dispositions de la métropole, un engagement tacite et sacré qu'elle contractait envers eux. Dès lors ils prirent dans l'avenir une entière confiance, et l'intérêt éclairé que le duc d'Orléans sut prendre à tous leurs besoins, lui gagna le cœur de ces hommes pour qui sa présence était un véritable bienfait. Et cette armée d'Afrique qui, loin du sol de la patrie, avait si glorieusement défendu l'honneur de nos armes, combien elle se sentait heureuse de voir au milieu d'elle un prince que ses vœux appelaient depuis si long-temps !

L'expédition de Mascara s'opérait, et malgré

la saison et les fatigues de toute espèce aux-
quelles furent exposées nos troupes, s'ache-
vait avec tout le succès qu'on pouvait attendre
de l'habileté du général qui la dirigeait. Nos
soldats, d'ailleurs, guidés par le prince royal et
encouragés par son noble exemple, s'étaient
montrés en toute occasion dignes d'eux-mêmes,
et avaient donné aux Arabes une preuve nouvelle de l'immense supériorité de notre puissance militaire. Le duc d'Orléans, après avoir
ainsi payé sa dette à la patrie, et s'être acquis
par son mérite personnel et sa bravoure l'es-
time de toute l'armée, que son brillant courage avait électrisée plus d'une fois, dut
repartir pour la France; mais le bien que sa
présence avait produit en Afrique avait jeté
de profondes racines.

Le maréchal Clausel ne s'arrêta pas au milieu de ses succès; le lion était terrassé, il fallait lui porter le dernier coup, il fallait encou-
rager nos partisans, soumettre nos derniers

ennemis. Ce fut dans ce but qu'on entreprit l'expédition de Tlemecen, et une garnison dut être laissée dans cette ville pour y établir un nouvel et puissant centre d'action qui pût interrompre toute communication avec le royaume de Maroc. Le gouverneur, après avoir vu de pareils résultats couronner les premiers essais des plans qu'il avait conçus, retourna à Alger pour imprimer sur tous les points de la régence l'impulsion puissante qu'il venait de faire sentir à Oran.

Dans cette province, nos affaires ont pris une tournure plus heureuse qu'il n'était permis, il y a peu de mois, de l'espérer. La garnison de Tlemecen établit dans la paix une puissance respectée, tandis que le général Perregaux achève de détruire le reste de l'influence des populations hostiles et que les tribus les plus importantes envoient leurs contingens se joindre à ses troupes. A Alger, le maréchal dirige une expédition pour établir, à Médéah et dans diverses autres localités, des centres de pouvoirs indigènes sur les ruines de la puissance des lieutenans d'Abd-el-Kader qui sont forcés de se soumettre. La Métidja tranquille, cultivée d'une manière remarquable, se couvre de riches récoltes ; des colons mahonais et espagnols arrivent en grand nombre ainsi que des Gascons ; des Bordelais, peu touchés des éloquens sophismes d'un de leurs compatriotes, publiciste distingué, songent à fonder dans la capitale de la régence une banque qui, possédant deux millions de capitaux, émettra un nombre égal de billets et fournira ainsi au commerce et à l'industrie des fonds qui leur donneront bientôt un nouvel et puissant essor. En même temps, les habitans des vallées du Rhin s'ébranlent et se disposent à faire de nombreuses migrations sur les rivages de la Méditerranée, au lieu d'aller chercher sur les bords lointains du Saint-Laurent la misère ou la mort.

Jousouf, nommé bey de Constantine, part pour Bone; après avoir contracté en son nom un emprunt avec des négocians du pays pour aller prendre possession de son nouveau bey-lick; rendant ainsi presque nulles les dépenses qu'aurait eues à supporter la métropole pour établir sa puissance à Constantine. A Bougie, les Kabyles laissent en paix la garnison, ils ne viennent pas encore ostensiblement au marché; mais quelques tribus apportent, la nuit, des provisions; d'autres commencent à entretenir, par mer, avec la ville un commerce assez suivi.

Tel est, au moment où j'écris, le résultat de l'immense réaction qui s'opère dans la colonie, et cela parce que, pendant six mois, on a suivi une idée dans toutes ses conséquences. Hé quoi! ce serait au moment où tous les travaux du maréchal vont porter leurs fruits, où les pouvoirs musulmans qu'il établit dans l'intérieur sous notre protection commencent à se constituer solidement, ce serait, dis-je, dans un pareil moment qu'on retirerait de la régence, non seulement les 8,000 hommes qui devaient rentrer dans le courant de 1836, mais 5,000 hommes de plus, sans lesquels il serait impossible que le gouverneur continuât ce qu'il a si utilement entrepris! Une telle conduite de la part de la Chambre dénoterait une préoccupation déplorable; elle se placerait par-là au-dessous du point de vue du gouvernement pour les questions nationales, et affaiblirait la considération qu'elle est en droit d'attendre du pays.

## § III.

### Du mode d'occupation de la Régence.

Aujourd'hui, dans la Chambre, il ne se trouve plus de voix pour proposer l'abandon d'Alger, tant la nécessité de l'occupation est un fait reconnu. Deux avis seulement partagent sérieusement les membres de l'assemblée; les uns veulent l'occupation purement militaire des principaux points de la régence ; les autres désirent que le gouvernement, sans prêter aux colons d'autre appui qu'une protection suffisante pour assurer leur tranquillité, travaille avec persévérance à établir solidement son influence parmi les populations indigènes. Les partisans du système de la simple occupation des points militaires de la côte septentrionale de l'Afrique veulent que nos troupes se renferment dans les places d'Alger, Bone et

Oran, et que là, fortifiées, elles renoncent à étendre au dehors notre puissance sur les populations indigènes.

Nous commencerons, avant tout, par faire remarquer que dans ce système, comme dans celui aujourd'hui adopté, il est indispensable d'occuper Bougie. Quelques considérations rapides suffiront pour le prouver. Bougie, dans son état actuel, possède une des rades les plus sûres de la régence, son ancrage est d'une excellente tenue, chose bien rare sur cette partie des côtes de l'Afrique. De plus, avec une dépense d'environ deux millions, il serait facile d'y construire un port capable de donner abri à un nombre assez considérable de vaisseaux et de frégates[1]. On pourrait entrer dans ce port par tous les vents et par tous les temps, en ap-

---

[1] Ces détails sur la rade de Bougie nous ont été communiqués par deux officiers distingués de la marine royale. L'un d'eux a aujourd'hui l'honneur de siéger à Chambre des Députés; son mérite reconnu et son expérience donnent le plus grand poids à son opinion.

portant à la voilure quelques changemens que nécessitent les raffales de vent produites par l'élévation du cap Carbon.

Il résulte de ces faits, que si on abandonnait une telle position, elle serait vivement enviée par toutes les puissances maritimes. Les Américains surtout, qui, dans les circonstances actuelles, ne négligent aucun moyen d'acquérir dans la Méditerranée un point de relâche et de refuge pour leurs vaisseaux [1], ne laisseraient pas sans doute échapper une occasion aussi favora-

---

[1] Il n'y a pas long-temps que les Américains ont entamé des négociations avec le roi de Naples, pour acheter de ce prince la petite île de Lampedouse dans la Méditerranée, qui, dépourvue de port, ne possède qu'une rade peu sûre ; aucun sacrifice ne leur eût coûté pour obtenir ce résultat ; et il n'a fallu rien moins que de puissantes influences pour empêcher la réussite de cette négociation. Toutefois les États-Unis n'ont pas abandonné ce projet. Ils s'occupent actuellement de traiter avec l'empire de Maroc pour acquérir un port sur la côte d'Afrique ; et d'après l'éloge que leur consul Shaler fait du port de Bougie, il est bien certain qu'ils saisiraient avec empressement la première occasion de s'en rendre maître. Et n'est-ce pas pour les empêcher, suivant l'expression de Shaler, d'en faire un nouveau Gibraltar, que nous nous y sommes établis ?

ble de parvenir à un but que depuis si long-temps ils se proposent d'atteindre. Quoi de plus facile en effet, pour un de leurs navires, que de s'attirer à dessein quelque insulte des belliqueux indigènes de cette côte ? Dès lors, une réparation serait exigée, et la ville, dans l'impossibilité d'y satisfaire, tomberait bientôt entre les mains envieuses d'une puissance qui, une fois maîtresse de ce point, pourrait établir une rivalité des plus redoutables pour notre commerce dans la Méditerranée. En temps de guerre, cette nation alliée d'un cabinet, dont elle semble depuis quelque temps se rapprocher, serait à même, grâce à la possession de Bougie, d'entretenir avec sécurité sur nos côtes une escadre capable de bloquer nos ports.

Réclamerions-nous contre l'occupation de cette place ? Mais de quel droit, puisque nous nous refuserions à faire acte de souveraineté sur la régence ? Enfin, si des considérations

politiques faisaient regarder comme indispensable d'exiger l'évacuation de cette ville, l'exécution d'une pareille entreprise nous jetterait
infailliblement dans l'éventualité d'une guerre
désastreuse, ou de négociations difficiles, dont
la réussite ne pourrait être achetée qu'au prix
de sacrifices onéreux. Ainsi donc, même en
adoptant le système que nous examinons, il
serait indispensable de conserver Bougie.

Quant au nombre de troupes nécessaire
pour nous assurer la possession de ces quatre
points, admettant que nous soyons en paix
avec toutes les puissances maritimes, je crois
qu'en fixant la force de leur garnison pour

> Oran. . . . . à . . . . 4,500 hommes,
> Alger . . . . à . . . . 6,000
> Bougie. . . à . . . 2,000
> Bone. . . . à . . . . 3,500;

je crois, dis-je, rester au-dessous des besoins
de la réalité. Pour s'en convaincre il suffit seulement de considérer la nécessité de se dé-

fendre contre les populations indigènes, qui, nous voyant ainsi nous renfermer dans nos villes, concevraient pour nous le plus profond mépris, et dans l'espoir qu'elles nourrissaient incessamment de nous chasser de leur territoire, seraient constamment occupées à harceler nos garnisons. Ajoutons à ces observations, les maladies, suite du climat, et les effets funestes de la nostalgie qui s'emparerait à coup sûr de soldats condamnés à végéter entre les murs étroits de leur brûlante prison, et certes on reconnaîtra qu'un chiffre de 16,000 hommes n'est pas suffisant pour occuper les quatre points militaires de la régence. Quant aux dépenses, l'état continuel d'hostilité qui existerait nécessairement entre les indigènes et nos garnisons, empêcherait constamment ces dernières de s'approvisionner dans le pays ou du moins de pouvoir jamais compter sur cette ressource. Nos troupes seraient donc obligées de tirer de France tout ce dont elles pourraient avoir besoin.

Il est inutile d'insister sur les énormes dépenses et sur les inconvéniens sans nombre qui résulteraient d'une pareille nécessité, et l'on conviendra que les 16,000 hommes, entretenus ainsi en Afrique, coûteraient infiniment plus à la France que les 21,000 hommes que le gouvernement demande aujourd'hui à la Chambre pour continuer le système d'occupation territoriale.

Dans l'occurrence d'une guerre maritime, il serait indispensable de porter au moins à 20,000 hommes le chiffre de nos troupes. Quelles immenses dépenses alors pour approvisionner des places menacées d'un long et double blocus; que de difficultés pour leur porter des secours; et combien de moyens se présenteraient à l'ennemi de soulever contre nous les populations entières! Toutes les chances se trouveraient donc réunies pour que, malgré les énormes sacrifices d'hommes et d'argent que nous nous serions imposés, nos garnisons, en butte à des attaques simultanées par terre et par mer, tombassent au pouvoir de l'ennemi ou fussent égorgées par les indigènes. Aussi, je ne crains pas de l'affirmer hautement : mieux vaudrait cent fois avoir la franchise et le honteux courage d'abandonner sur-le-champ la régence que d'embrasser un pernicieux système qui, au fond, évacuation déguisée, ne pourrait amener pour le pays que revers et désastres, sans présenter pour l'avenir ni chances favorables ni dédommagemens.

Passons maintenant à l'examen des résultats qu'offre le système de l'occupation territoriale.

D'après le tableau succinct que j'ai tracé plus haut de l'état actuel de la colonie et de ses progrès rapides, depuis que le maréchal Clausel est chargé de son gouvernement, il devient évident qu'en suivant avec constance des plans conçus avec maturité et une connaissance approfondie des mœurs et des dispositions des Arabes, on arrivera promptement à exercer sur les populations indigènes une action extrêmement puissante par l'influence des centres de pouvoirs établis sur plusieurs points de la régence. D'ailleurs ces mêmes populations, naguère hostiles, grâce à des relations plus fréquentes avec nous, seraient bientôt amenées à partager les besoins de notre civilisation, et loin alors de supporter avec peine notre présence, seraient contraintes de la désirer. Le fanatisme, là, comme partout ailleurs, se tairait devant les exigences de l'intérêt matériel [1]; la sécurité

---

[1] A l'appui de cette assertion nous citerons l'exemple du prince de Mir-Mirski, qui s'est établi bien au-delà de nos avant-postes, non loin du cap Matifoux, aux fermes de la Rassauta, du Bey, etc. Il vit en très-bonne intelligence avec les indigènes, et en occupe environ 80 de la tribu des *Aribs*. Le cheik de cette tribu est son intendant. Le prince a aussi près de lui un assez bon nombre d'ouvriers européens. Les résultats avantageux qu'il a obtenus du côté de la culture sont extrêmement remarquables; mais le fait le plus important est l'existence de cette petite colonie, vivant ainsi en sûreté au milieu des indigènes. C'est une évidente réfutation des assertions que l'on se plaît à faire à Paris, sur le caractère féroce et intraitable des populations de la régence. Au reste, le prince de Mir n'est pas le seul que nous puissions citer. MM. Mercier et Saussine entre autres ont obtenu du gouvernement des concessions importantes sur les bords de la

régnerait alors dans la régence. Alger deviendrait bientôt un riche entrepôt des produits de l'Afrique et de l'Europe, et des comptoirs bien fournis établis à Tlemecen et Oran feraient refluer dans ces villes tout le commerce du Tafilet, dont les produits s'écoulent aujourd'hui par l'empire de Maroc. La population européenne attirée dans notre colonie par des avantages certains assurerait à la métropole des débouchés variés et nombreux [1]. Enfin dans peu d'années, nouvelle et véritable province fran-

---

Régahia (du même côté, mais plus loin encore vers l'est, que les possessions du prince de Mir), et MM. de l'Écluse et d'Ax dans l'ouest de la Métidja sur les bord du Mazafran.

[1] Les importations en quincaillerie augmentent chaque jour davantage. Le fer en barres, le sel, le sucre, le café, l'eau-de-vie, et même le vin sont devenus des objets d'importation considérables. Il en est de même des calottes rouges (fabrique de Marseille et d'Orléans). Un article qui trouve un grand débit sont les mouchoirs de soie d'un travail grossier, que les femmes arabes et juives portent toutes et dont les Arabes des tribus achètent des quantités énormes; les calicots ne sont pas moins recherchés depuis ces dorniers temps par les indigènes. Tous les objets ci-dessus, moins *le vin*, *le sucre*, *le café*, et *l'eau-de-vie*, sont à l'usage des Kabyles comme à celui des Arabes.

çaise, la régence d'Alger verrait ses revenus satisfaire et au-delà à tous ses besoins.

Sous le rapport militaire, l'occupation territoriale de la régence est une excellente école
pour notre armée; de plus, en augmentant
suivant les besoins du pays l'effectif des corps
indigènes dont la bravoure et les succès ont
rendu le nom populaire sur tous les points de
la France, on aurait un moyen sûr et puissant
d'assurer notre influence sur les populations.
Ces corps, grâce à leur organisation et à leur
bonne discipline, suffiraient dans quelques années pour maintenir la tranquillité dans la colonie, ce qui permettrait à la métropole de re-
tirer d'Afrique la plus grande partie de ses
troupes en cas de guerre continentale. Les dé-
barquemens ne pouvant plus être efficacement
soutenus par les indigènes, sur lesquels nos ennemis n'auraient plus les mêmes moyens d'action, nécessiteraient l'emploi de forces nombreuses et ne présenteraient que peu de chan-

ces de réussite. Les désastres qu'éprouvèrent
jadis des armées qui étaient loin cependant
d'avoir affaire à des ennemis aussi redoutables
que nos troupes, attestent la vérité de ce que
j'avance. La population européenne et arabe,
organisée comme elle l'est déjà aujourd'hui en
garde nationale, formerait d'ailleurs de puissans
secours pour la défense des côtes et des places
qui pourraient toujours et à peu de frais tirer
des vivres de l'intérieur du pays. Ainsi en temps
de paix comme durant la guerre la différence
des deux systèmes est totale : d'un côté, honte et
désastres ; de l'autre, honneur et profit.


Le ministère, convaincu des avantages de
l'occupation territoriale de la régence, demande à la Chambre 21 millions et 21 mille
hommes. Serait-il possible que pour une économie que la commission évalue à 2 millions
3 ou 400,000 fr., cette assemblée voulût rendre

impossible l'achèvement d'une entreprise que le nouveau gouverneur a commencé à réaliser avec autant de talent que de succès? Nous ne ferons pas aux députés l'injure de le croire un instant, malgré les mauvaises dispositions pour la colonie de quelques uns d'entre eux.

La Chambre, comme elle l'a fait jusqu'ici, votera donc les fonds que le ministère lui demande pour Alger. Il est à craindre seulement que des discussions fâcheuses, bien que sans résultat, ne viennent mettre de nouveaux obstacles au développement de la prospérité naissante de la colonie. Espérons que dans ces circonstances les représentans du pays, oubliant toutes préoccupations locales et particulières, ne s'inspireront que des hauts intérêts de la France, et que les bonnes dispositions du ministère actuel pour l'Afrique, soutenues par la parole puissante du maréchal Clausel, obtiendront un si heureux résultat. Espérons-le, dis-je, et soyons fermement convaincus que dans un an les progrès immenses qu'aura faits en Afrique l'affermissement de notre pouvoir, rendront impossible toute discussion nouvelle sur le mode d'occupation de la régence.

www.ingramcontent.com/pod-product-compliance
Lightning Source LLC
Chambersburg PA
CBHW061323050726
47595CB00005B/1787